Gedankenschnipsel
Seelensplitter
Traumtropfen

Impressum
© 2008 Carina Dreisewerd
Alle Rechte bei der Autorin

Herstellung und Verlag: Books on Demand GmbH, Norderstedt

ISBN-13: 978-3-837-05703-4

Für meine Inspiration
- sine quibus non.

Für all Jene, die ich liebe,
für ihre unendliche Geduld und ihren
steten Glauben an mich.

Gedankenschnipsel
Seelensplitter
Traumtropfen

Lyrik und Ähnliches
von

Carina Dreisewerd

Der Brunnenfrosch

Mitleidig sahen viele ihn an. War er doch noch nie aus seinem Brunnen heraus gekommen.

Der Adler sagte dereinst zu ihm: „Wenn Du große Schwingen hättest, wie ich, so würde ich Dich an Orte führen, die Du Dir nicht mal in Deinen Träumen vorstellen kannst."

Der Brunnenfrosch aber sagte nur zu ihm: "Adler, ich bin ein Frosch und der Brunnen ist mein zu Hause, warum soll ich mir erwünschen, was ich doch nie haben kann? Berichte Du von Deinen Reisen und ich werde Dir gerne aufmerksam zuhören!"

So kamen viele Tiere an den Brunnen, um den Frosch zu besuchen und berichteten von großen Abenteuern, die sie alle erlebt hatten.

Aufmerksam und mit großem Interesse hörte der Frosch jedem von ihnen zu.

Was er hörte, war so fantastisch, dass er doch an deren Wahrheiten zweifelte. Er sprach die Zweifel dennoch nicht aus, wusste er ja nichts über die große weite Welt.

Immer öfter kamen Fuchs, Spatz, Hase und der Adler nun zu ihm, und erzählten von immer weiteren Reisen, größeren Bergen, tieferen Meeren, saftigeren Wiesen und gefährlicheren, spannenderen Abenteuern – oft kamen sie gemeinsam, denn sie fanden, dass es alles noch besser zu erzählen war, wenn sie die anderen mit ihren Geschichten übertrumpfen konnten.

Eines Tages jedoch, der Frosch saß schon gespannt auf dem Rand des Brunnens und die all die Tiere kamen, um ihre Geschichten zu erzählen, sagte der Frosch:

„Heute will ich Euch von einem großen Abenteuer erzählen!"

Sehr erstaunt blickten die anderen Tiere ihn an.

„Ich war auf einer langen langen Reise – sie hat viele Jahre gedauert – und nun bin ich zurück, und davon möchte ich Euch berichten."

Die anderen Tiere waren verwirrt, war der Frosch doch die ganze Zeit da.

„Und gerade gestern noch, ich habe doch mit Dir gesprochen" sagte der Hase ganz aufgebracht, „Du erzählst uns doch Märchen".

„Nein" entgegnete der Frosch, „hört mir einfach zu! Ich war auf einer Reise, die abenteuerlicher und spannender war, als all Eure Reisen. Ich war auf einer Reise zu mir selbst und nun bin ich angekommen, obwohl ich meinen Brunnen nie verlassen habe!"

Erstaunt sahen der Adler, der Spatz, der Hase und der Fuchs ihn an und wollten mehr hören.

Sie fanden heraus, dass der kleine Brunnenfrosch so weise ist, dass er viele ihrer Fragen beantworten konnte, und sie gut verstand.

Sie hörten gebannt seinen Geschichten von seinen Reisen zu sich selbst zu und von diesem Tage an kamen die anderen Tiere nicht mehr, um ihre Geschichten zu erzählen, sondern um die des Frosches zu hören und ihn um Rat zu fragen.

Die kleinen stillen Momente

In kleinen stillen Momenten
wenn nichts aus der Welt da draußen mir die Sinne
trübt
erinnere ich mich....
wie es war,
als der Schmerz von mir Besitz genommen hatte,
weil ich glaubte, nicht mehr so leben zu können,
als die Sehnsucht mir ein großes Loch in meine
Seele gefressen hatte.
In diesen kleinen stillen Momenten,
die ich nur für mich allein habe,
denke ich daran, wie viele Tränen ich wohl geweint
haben mag um Dich,
weil ich glaubte, Dich nie mehr wieder zu sehen,
weil ich glaubte, Du wärst gegangen, ein für alle Mal.
Diese kleinen leisen Momente,
in denen es nur Dich und mich gibt,
denke ich daran, wie es war, sich das Herz aus dem
Leib reißen zu wollen,
weil es einfach nur wehtat, zu wissen, nie mehr in
Deine Augen sehen zu können,
Deine Umarmung nie mehr spüren zu können,
nie mehr Deine warme Stimme wie Sommerregen
auf meiner Haut zu spüren.
In einem dieser
kleinen, leisen Momente
war es,
als ich Deine E-Mail bekam....
und alles Beten hatte plötzlich einen Sinn,
alles flehen und bitten war erhört worden....
einfach so
hast Du geschrieben
„Wollte mal ein Lebenszeichen von mir geben!"
Ich will Dich nie mehr so vermissen!!!

Flieg' mit mir zu den Sternen

Bleib'
nur heute Nacht,
und wenn es das letzte ist,
worum ich Dich bitte,
so bitte ich Dich: bleib'.
Flieg' mit mir zu den Sternen – heute Nacht,
trag' mich auf den Schwingen der Liebe davon,
nur heute Nacht,
sei mein.
Fühle
Spüre
Lebe
Liebe
Nur heute Nacht,
bleib' an meiner Seite,
halte mich fest in Deinen Armen,
als würde es kein morgen geben,
nur heute Nacht.
Nur einen Augenblick,
bleib'.
Wenn es niemals einen Platz geben wird für uns –
heute Nacht hast Du Deinen Platz in meinen Armen.
Wenn ich heute Nacht in Deine Augen sehe,
dann bitte ich Dich,
lass' mich Unendlichkeit erfahren.
Bleib'
nur heute Nacht.

Wortlos

Ein Alter und ein Junger saßen nebeneinander am
Strand und blickten auf das Meer.
Beide fühlten sich rundum wohl
und geborgen, doch sie sprachen kein Wort.
Nach einer Weile fragte der Junge den Alten:
„Woran erkenne ich einen wahren Freund?"
„Daran!" sagte der Alte und lächelte.

Freundinnen

Wie wunderbar
sind die Gedanken
die sich in Erinnerungen verranken,
an Sand und Meer, Sonne und Lachen,
Erdbeersekt und Blödsinn machen,
an Kreuzworträtsel in der Nacht,
an heißen Kakao der glücklich macht.

Wie wunderbar
sind die Geschichten
die wir unseren Enkeln noch berichten,
von zwei verrückten jungen Frauen
die sich nun wirklich alles trauen,
von Norwegern und Tarnfleckhosen,
von Leberwurst aus Aludosen.

Wie wunderbar
Sind all die Erinnerungen
in denen wir manche Nacht versunken,
von Autos die lieb gucken,
von fliegenden Korken unter denen wir uns ducken,
von Männern die den Kopf verdrehen,
und uns bis heute nicht verstehen.

Wie wunderbar
dass wir noch immer alles teilen,
in vielen Jahren werden wir uns erinnern….

Wie wunderbar ….
Doch Deine und meine Hochzeit war,
die erste von uns ein Kind gebar,
das Haus gekauft und ausgebaut,
und was wir uns sonst noch so getraut.

Die Zeiten werden wandeln sich,
doch Du bleibst für alle Zeiten
dieselbe doch für mich,
denn ohne Dich
blieben auch die Erinnerungen nicht.

Verkleidete Tatsachen

Als der Mantel der Illusion
seinen Hut nahm und ging,
blieb die nackte Wahrheit zurück und fror.

Getragen von Dir

Wie tief Deine Augen mich blicken lassen,
in die mystischen Weiten Deiner Seele,
wenn Sommersprossen um die Nase tanzen
und Dein Lachen alle Wunden heilt.

Wie warm und behaglich Dein Herz,
wenn ich rasten darf in Dir,
wenn Deine Worte alle Zweifel verscheuchen,
und Deine Arme mich geborgen halten.

Wie unbeschreiblich schön Deine Hände,
wenn sie die meinen fassen,
um mit mir zu gehen, jeden steinigen Weg,
getragen von dem unsichtbaren Band,

das sich Liebe nennt.

Dämonisches Spiel

Der Dämon kam immer,
wenn sie ihn am wenigsten erwartete.
Meist war es dunkel und kalt.
Kaum hörbar flüsterte er ihr immer wieder ins Ohr,
dass sie verlieren würde, was sie nie besaß.
Immer wieder, kaum spürbar, drückte er ihr die Kehle
zu,
und lachte sie dabei hämisch an,
er würde ihr nehmen, was sie doch nie hatte.
Seine Fratze versprach ihr jedes Mal,
dass sie verlieren würde,
den Kampf mit sich selbst, den Kampf um ihn.
Zu oft hatte sie ihn zu vertreiben versucht,
zu oft hatte sie sich zu wehren versucht.
Was blieb, war Resignation.
Und nun lebte sie mit ihm,
und immer wenn er wieder Besitz von ihr ergriff,
spürte sie diese kalte, nackte Angst,
zu verlieren, was nie ihr gehörte.

An manchen Tagen

Der Wind wehte heute kräftiger als sonst
und in den Bäumen klammerten sich die Blätter
verzweifelt an ihre Äste.
Die Angst überfiel alles
unerwartet und listig von hinten.
Niemand hatte heute mit ihr gerechnet
und doch
schien jeder und alles zu wissen,
dass sie heute kommen würde.
Menschen hasteten,
die Augen zu Boden gerichtet,
eilig in Häuser,
um ihr schnell zu entfliehen.
Doch an manchen Tagen ist sie stärker,
als alles
die Angst
und dann nimmt sie sich, was sie will,
hält umklammert die Beute
die Seelen.

Am Anbeginn

Kristallen zerbrechlich
das Band
sich knüpfend an Hoffnung.

Wärme versprühend ganz leise
kaum hörbar, spürbar in mir.

Tiefe begreifend
in Blicken, zaghaft
beiläufig fast,
gefangen
in zerstörten Träumen.

Zärtliche Schatten
tanzen in Sinnen
zur Nähe hin taumelnd.

Verbunden in Gedanken
sich zu Herzen nehmende Seelen,
stilleberührt ergriffen,
Mensch sein in mir.

Lang schon ist's Vergangenheit

Ich würd' gern trösten, würd' gern helfen,
'nen guten Spruch – ich wüsst nicht welchen,
möcht' gern erlösen Euch vom Schmerz
ich geb' Euch einfach mal mein Herz.

Vielleicht kann ich, es klingt verrückt,
und wenn auch nur nen Augenblick,
vergessen machen was da war,
in diesem grausam düstren Jahr.

Lang schon ist's Vergangenheit,
doch steh' ich stets für Euch bereit.
Ein Herz, das stetig an Euch denkt,
Euch einfach „liebe Freunde" nennt.

Beobachtung

Sie tanzen
respektvoll und freundlich
umeinander herum,
in derselben Melodie,
nur nicht zu nahe treten,
nur keine zu große Tiefe,
nur nicht zugeben,
das Sehnen
nach einem vertrauten Gespräch.
Sie spielen
einander vor,
wovon sie glaubten,
es sei das Beste.
Telefonate kurz und unpersönlich,
beide enttäuscht,
doch keiner besitzt den Mut,
zu sagen: Bitte bleib!
Doch manchmal treffen sich
die Augen,
manchmal nur und unabsichtlich,
doch nie geahnte Wärme durchströmt sie dann.
Lächeln …
Hoffen …
Und keiner hat den Mut zu sagen:
Bitte bleib!

Wanderer der Zeiten

Jahrhunderte nun wandre ich
durch diese unsre Welt.
In jedem Leben frag' ich mich,
wer hat mich herbestellt?

Im einen Leben sterbe ich,
im andren nie gebor'n,
so ist denn immer ewiglich
die Seele stets verlor'n.

Der Stein erzählt mir seine Weisen,
nur gibt es keine Wiederkehr,
von seinen langen Reisen
für mich nicht und für niemand mehr.

So flieg' ich denn ganz heimatlos
in dieser Welt umher,
und eines Tages körperlos,
die Hülle gibt's nicht mehr.

Mein Held auf dem Marmorsockel

Geheimnisvoll
wie ein mystischer Stein der Weisen,
traumhaftschön
wie die seltenste Orchidee an einem Südseestrand,
streichelwarm
wie die sanfte Liebkosung von Sommerwind
unberührbar
wie die die schönsten Juwelen in einer verriegelten
Glasvitrine
zerbrechlich
wie das feinste Kristallglas
kompliziert
wie ein philosophischer Gedanke, den ich denke
traurig
wie nur Du traurig sein kannst

dennoch
unvergleichlich DU,
so ist Deine Seele für mich.

Gläserne Herzen

Zerbrochen
liegen die Scherben
am Boden der Tatsachen.
Der Wind der Wahrheit
hatte das kristallene Geheimnis
von der Mauer der Liebe geweht.
Nur Schmerz
blieb zurück
Nichts würde die Scherben
je wieder zusammenfügen können,
doch die Liebe,
die Liebe die blieb,
unzerbrechlich
ungelebt
ungebrochen
unzerstörbar
leise
und bettete die Hoffnung
in neues Glas.

Stimmen in Deinem Kopf

Einst, in jungen Jahren,
wir mal sehr gute Freunde waren.
Tief blickte ich in Dich hinein,
mein Freund wolltest Du für immer sein.

Dunkle Wolken trübten oft
Dein sonst so sonniges Gemüt.
Doch was Dich so verletzlich macht,
das hast Du niemandem gesagt.

Dein Leben lief so vor sich hin,
Du wusstest, dass ich Deine Freundin bin.
Stimmen waren in Deinem Kopf zugegen,
Du wolltest nicht mehr mit ihnen leben.

Plötzlich hörtest Du auf sie,
sie steuerten Dich wie vorher nie.
Was war passiert, was war geschehen?
Niemand hat es kommen sehen.

Du hast ihn einfach umgebracht,
die Stimmen haben's Dir gesagt,
Du hast getötet, warst im Rausch,
und doch derselbe, wie vorher auch.

Trotz allem,
und ich kann's nicht verstehen,
kann nur als Freund Dich
in meinem Leben sehen.

Was hat die Welt mit Dir gemacht?
Du hast ihn einfach umgebracht.
Die Stimmen haben's Dir befohlen,
dem Richter sagtest Du's verstohlen.

Hast nichts verschleiert, nichts verhüllt,
hast's einfach aus Dir rausgebrüllt:
„Sperrt mich bloß weg – für immer –
sonst töte ich weiter –die Stimmen sagen's immer."

Ich bin erschüttert von alledem,
und werde trotzdem immer zu Dir stehen.

Menschenfabrik GmbH
Alltagsstraße 4711
0815 Kaltewelt

Vertrauliche Aktennotiz

Von:
Abteilung Verstand

Verteiler:
Abteilung Seele
Abteilung Herz

Nach der gestrigen Versammlung aller im Verteiler
genannten Anwesenden gebe ich zu Protokoll, dass
ab sofort nur noch meinen Anweisungen Folge zu
leisten ist.
Ihre völlig aus der Luft gegriffenen Träumereien sind
unserer Sache nicht dienlich,
daher sind diese umgehend abzustellen.
Moral und Vernunft können beratend zur Seite ste-
hen, und dürfen bei der Entscheidungsfindung ein-
bezogen werden.
Unser Ziel muss es sein, von jetzt an ohne neue
Verletzungen und ohne Irrwege das Leben
weiter zu bestreiten.
Verfehlungen jedweder Art werden mit der sofortigen
Kündigung geahndet.

Mit freundlichem Gruß

Ihr Verstand

Spiegelbild

Spiegelbild
verwandelt jeden Tag
die Sicht auf alles und auf mich.
Mal schaut mich aus dem Spiegel
jemand an,
der ich nicht sein möchte und doch bin,
ein anderes Mal erblicke ich
was ich sein will
und dennoch nicht bin.
Spiegelbild
was spiegelt es?

Mit den Augen des Anderen

Ich hatte geglaubt,
und das tat ich tatsächlich,
dass ich Klarheiten schaffe,
wenn ich Klarheiten sage.

Ich habe nicht bedacht,
dass das,
was für mich eine Klarheit ist,
für Dich wohl
völlig unklar war.

Nur ist mir jetzt leider
völlig unklar,
was Dir ja ganz klar zu sein scheint
und ich kann verstehen,
wie Du Dich gefühlt hast.

Machtvoll

Bedächtig
mit den Fingern sanft streichend
über das Blatt Papier
das nicht ruhen lässt
bis alles heraus geschrieben ist
was berührt,

Zeilen rinnen durch Gedanken,
Worte entkommen dem Herzen
werden zu Botschaften
die zu verstehen es nur wenige vermögen.

Magie liegt auf den Lettern.
Buchstaben werden zu Reisen
an Zauberstätten,
und rühren zu Tränen
manchmal.

Mächtige Waffe!
Wunden heilende Arznei!

Nur der Schein der Kerzen

Betrachte Dich,
liegst da,
die Augen geschlossen,
vor der Welt die ebenso wenig Deine ist,
wie meine,
sanft zucken Deine Lider,
Du denkst …
Nur der Schein der Kerzen
lässt einen unwirklichen Schein
auf Dich fallen,
Deine Haut glänzt wie von der Sonne geküsst,
so unwahr, so wunderschön,
mit den Augen der Liebe betrachtet,
weiß ich
dass dies das letzte Mal war,
dass Du mir Deine Seele geöffnet hast.
Was Du wohl denkst?
Schatten liegen auf der Erfüllung
und ich sehe Dich an,
weil ich weiß,
dass ich Dich nie mehr so betrachten werde.
Du wirst gehen,
und ich werde Dich nicht halten.
Du wirst es nicht sagen,
und doch kann ich es spüren.
Dein Kuss schmeckt nach Abschied…
Deine Augen sagen: Leb' wohl…

Traum von Dir

Ich lauschte dem Wind,
er strich sanft durch mein Haar,
und ich glaubte zu fühlen,
Du bist mir ganz nah.
Ich spürte die Sonne,
sie sagt, Du bist da.

Geborgene Stille,
lieg' in Deinem Arm,
Dein Atem –ganz leise-
und unsagbar warm.

Doch plötzlich ein Donnern,
ein Toben und Brausen,
und hämisches Lachen,
ein Zittern und Sausen.

War alles ein Traum?
Jetzt bin ich erwacht?

Oder warst Du doch bei mir,
in dieser Nacht ?

Die alte Eiche

In dem kleinen Wald, in dem die alte Eiche nun seit
vielen Jahren stand, war sie eine von vielen. Oft
fühlte sie sich einsam und unbeachtet, obwohl sie oft
mit den anderen sprach.

Doch war sie nur eine Eiche inmitten so vieler Bäu-
me, und manchmal fragte sie sich, welchen Sinn ihr
Dasein haben könnte.

Einmal fragte eine junge Tanne sie nach ihrem Le-
ben und wie es bisher verlaufen sei.

Die Eiche stöhnte und sagte:

„Kind, was soll ich Dir erzählen? Ich stehe seit so
vielen Jahren hier in diesem Wald und friste mein
Dasein, wie Eichen das tun. Ich kann Dir erzählen,
vom Frühling und Sommer, auch vom Herbst und
dem Winter kann ich Dir berichten. Doch mehr, liebe
kleine Tanne, gibt es nicht zu erzählen!"

Traurig wendete die kleine Tanne sich ab, hatte sie
doch gehofft, von der alten Eiche viele spannende
Geschichten zu hören.

Es wurde Nacht, die Vögel verstummten und die alte
Eiche blickte traurig in die Dunkelheit.

Da erinnerte sie sich plötzlich an einen Vogel, der
vor vielen Jahren auf ihr rastete.

Ein Pfau, so bunt und wunderschön, so gebildet und
weltgewandt, sie hatte ihn nie vergessen, und da
fragte sie sich, wo er wohl geblieben sein mochte?
Ob er inzwischen schon die ganze Welt gesehen
hatte?

So verbrachte die alte Eiche die halbe Nacht damit,
in ihren Erinnerungen an den schönen Pfau zu
schwelgen, als plötzlich die kleine Tanne zu ihr hin-
auf blickte und fragte:

„Eiche, warum schläfst Du denn nicht? Deine Zweige
rauschen und ich sehe, Du denkst über etwas nach."

Wissbegierig fragte die Tanne, ob die Eiche ihr nicht erzählen wolle, was der Grund ihrer Schlaflosigkeit war.

Und so erzählte die Eiche, Stunde um Stunde, bis hinein in den frühen morgen.

Sie sprach so voller Liebe und Bewunderung von dem schönen Pfau, dass ihr bald alle zuhörten, die Bäume, die Vögel, die kleinen Käfer sogar.

„Ach" sagte die Eiche, „was würde ich darum geben, ihn einmal wieder zu sehen!"

Ein Spatz hatte Mitleid mit der alten Eiche und wollte ihr diesen Wunsch allzu gerne erfüllen, also setzte er Himmel und Hölle in Bewegung um den Pfau zu finden.

Es war nicht so einfach, aber eines Tages ging plötzlich ein lautes Raunen durch den Wald.

„Schaut nur" sagten alle „da kommt ein Pfau in den Wald!"

Als die alte Eiche ihn erblickte, war sie zu Tränen gerührt. Das war er, der Pfau, ihr Pfau.

Er setzte sich, wie damals, auf einen Ast der alten Eiche und sagte: „Liebe alte Eiche, wenn ich doch nur geahnt hätte, dass Du mich nie vergessen hast, dann hätte ich Dich doch schon eher besucht. Ich habe Dich auch nie vergessen, habe mich damals doch so wohl gefühlt in Deinen Zweigen, Du hast mich aufgenommen und mir Trost und Schutz gespendet. Dafür danke ich Dir!"

Den ganzen Tag und die ganze Nacht nun erzählte der Pfau von seinem Leben, all seine Reisen und Erlebnisse und die alte Eiche war so glücklich ihm zuhören zu dürfen.

Sie vereinbarten, dass der Pfau nun öfter zur alten Eiche kommen würde, und ihr seine Sorgen und seine Freuden mitteilen würde.

Die Eiche konnte ihr Glück kaum fassen, nichts anderes in ihrem Leben hatte sie je gewollt.

Unter all diesen Bäumen, wollte sie für ein Wesen

nur etwas ganz besonderes sein.

Und so war sie fortan für den Pfau da, wenn er sie brauchte und war sehr sehr glücklich, für ihn wichtig zu sein.

Sie erzählte der kleinen Tanne: „Dein Leben hier im Wald scheint manchmal sinnlos, unter all den vielen anderen Bäumen, aber glaube mir, kleine Tanne, es wird ein sinnvolles besonderes Leben, wenn nur ein einziges Wesen Dich Freund nennt!"

Verzerrtes Bild

Immer lächelnd, strahlend
immer cool und stark
immer locker und zu Scherzen gerne aufgelegt,
immer witzig und gesprächig,
niemals einsam,
niemals klein,
niemals traurig und allein,
niemals rührig und verletzt,
und
letztlich
von den Erwartungen der anderen gehetzt.

Verloren?

Verschenkte Zeit sei unwiederbringlich verloren,
glaubst Du,
aber hast Du Dich je gefragt,
wer die Zeit bekommt,
die Du verschenkt hast?

Tautropfen

Tautropfen auf frischem Grün
weisen den Weg in eine bessere Welt,
dorthin will ich gehen,
sagte sie,
und schnürte ihr Bündel um zu wandern,
in eine Welt,
die vielleicht mehr die ihre ist, als diese,
in der alles Leiden und Sehnen,
erfüllt werden würde von tausenden
schillernden Träumen die
Wahrheit werden würden.
Leise und von niemandem gehört
begann sie Schritt für Schritt zu gehen,
dahin, wo sie sein durfte,
wie sie sein wollte,
dorthin, wo sie fühlen durfte,
was sie fühlte – tief in sich.
In dieser neuen Welt,
so glaubte sie,
würde es Glück geben,
Glück nur ganz allein für sie,
Glück, welches ihr niemand nehmen könnte.
Eines Tages,
so wusste sie,
würde sie ankommen, dort,
wo alles Sinn macht, wo kein Schmerz mehr
zu spüren wäre,
wo ihre Tränen zu kleinen Diamanten würden,
und sie schwerelos sein würde.
Eines Tages,
so wusste sie,
würde sie ankommen,
und dann
nie mehr
zurückkehren.

Wege gehen ...

„Darf ich Dich auf Deinem Weg begleiten?"
fragte der Junge das Mädchen
und sie antwortete
„Ich weiß noch nicht, wohin er führt!?"

Da nahm er sie bei der Hand, ging ein Stück mit ihr
und sagte:
„Siehst Du, hier sind wir nun, Du bist an meiner Hand
gegangen,
ohne zu wissen, wohin. Und so will ich Dich beglei-
ten, ohne zu wissen,
wohin. Das nennt man Vertrauen."

Tagebuch

Vergilbtes Blatt und alte Zeilen,
die Handschrift ungehobelt jung,
wie gerne ich hier doch verweile,
in längst vergangener Erinnerung.

Werde glücklich

Gib Deinen Träumen Flügel,
damit sie fliegen können,
in die Welten die Du ersehnst,
damit sie Erfüllung finden irgendwann.

Gib Deinem Herzen Wurzeln,
damit es jederzeit weiß,
wohin es heimkehren kann,
wenn Du Rast und Ruhe brauchst.

Gib Deinen Gedanken Freiheit,
damit sie wandern können,
durch Höhen und Tiefen,
ohne eingezwängt zu verkümmern.

Gib Deiner Liebe Mut,
damit sie Taten werden kann,
die Dich und andere glücklich macht,
damit sie Dich
zu einem reichen Menschen werden lässt.

Sehnsuchts-Strudel-Ertrinkend

Halt' mich fest in Deinen Armen,
lass' mich spüren, dass ich nicht falle
wenn Du mir den Boden unter den Füßen wegziehst.

Sieh' mit tief in meine Augen,
lass' mich sehen, wohin ich versinke
wenn Du mir den Boden unter den Füßen wegziehst.

Lass' mich los,
damit ich fliegen kann,
wenn Du mir den Boden unter den Füßen wegziehst.

Bühne des Seins

Das Leben ist ein Tanz.
Das Schicksal bestimmt seine Melodie.
Aber DU kannst Dir die Instrumente aussuchen.

Abschiedsbrief

Wir werden uns wieder sehen, irgendwann,
irgendwo.
Ich weiß, dass wir niemals ganz und gar auseinander
gehen.
Das Band das uns zusammenhält kann nicht reißen,
ist es doch aus tiefster Liebe geflochten.
Und selbst wenn Du jetzt zu anderen Welten aufbre-
chen musst, selbst wenn Du im hier und jetzt nicht
mehr bei mir sein kannst, ich kann Dich spüren,
kann Deine Augen weit oben im Himmel leuchten
sehen.
Hab' keine Angst, ich lass' Dich gehen.
Ich kann Dich in dieser Welt nicht mehr halten
– ich weiß.
Ich werde nicht in Einsamkeit versinken, ohne Dich
– nein.
Ich werde unseren Weg weitergehen, bin doch nicht
allein, weiß ich Dich an meiner Seite – wenn auch
nicht sichtbar, so wirst Du doch immer für mich Sein!
Manchmal in der Nacht suchen meine Hände nach
Dir, doch ein leiser Hauch auf meinem Gesicht lässt
mich fühlen, Du bist da.
Weine nicht um mich, weil ich zurückbleiben musste.
Geh', wohin es Dir bestimmt ist zu gehen.
Wir werden uns wieder sehen, irgendwann,
irgendwo .....

Seelenschatten

Weltvergessend inniglich
wie klingende Musik,
gleich rührender Stille,
im Ozean der Sinne.
Vergänglich.
Traumhaft.
Heimlich.
Still.

Flieg', meine Sehnsucht.
Flieg', solange die Flügel Dich tragen.

Scheiterhaufen

Die Meute brüllt
Das Holz gestapelt,
der Richter lacht,
der Priester atmet schwer erregt,
der Henker hält die Fackel,
Jahrmarktstimmung.
„Verbrennt die Hexe, verbrennt sie!"
Gefoltert und gequält
muss einfach eine Schuld sein
mit dem Teufel wohl gebuhlt,
Kinder und Wetter verhext,
Männer verzaubert.

Zu einfach wär's auch,
die Schuld an allem Übel
bei sich selbst zu suchen.
„Verbrennt die Hexe, verbrennt sie!"

Dornröschenschlaf

Ich bin dort gewesen,
hinter dem von Rosen verwuchertem Zaun
der alle lockt
doch nur wenige sich trauen lässt,
sich den schmerzvollen Weg zu bahnen
und sich die Haut mit all den Dornen aufzuritzen.
Ich bin dort gewesen,
doch das verwunschene Märchenland
das ich aus meinen Träumen kannte
war nicht dort,
wo ich es zu finden gehofft hatte.
Abertausend Mal
saß ich alleine vor dem Zaun,
auf der sicheren Seite
und die Zweifel wurden immer lauter.
Ich bin dort gewesen,
und als der Nebel sich lichtete
und mir all die Dornen nichts mehr anhaben konnten,
habe ich das gesehen,

wonach mein Herz sich sehnte.

Im Innern war das Leuchten.

Not und Tugend

In seiner großen Not
entschied der Prinz
ein Mönch zu werden,
denn hier auf Gottes Erden
ihn nur die Liebe Gottes
retten würde von den Qualen,
die die Liebe der Menschen gebracht.
Was aus Not geschah'
erlangte bald Rang der Tugend zu sein,
gewaschen ward die Seele rein,
nun frei ein neuer Prinz zu sein
der Liebe immer offen.

Glück ist …

Glück ist …
sprachlos sein, wenn ich Dir zuhöre,
atemlos sein, wenn Du mich ansiehst,
zeitlos sein, wenn Du mich berührst,
gedankenlos sein, wenn ich Dich fühle,
haltlos sein, wenn Du mich hältst,
wehrlos sein, wenn ich von Dir beschützt werde,
Glück ist…
nur ein winziger Augenblick
dann und wann
zwischen all dem Grau
die Sonne sehen.

Überfüttert

So satt
diese Welt
nur höher schneller weiter
jeder alleine auf der Überholspur
so leer
diese Gesichter
den Focus nur auf das Ich gerichtet
so traurig
das Verrohen dieser Menschen
so verlassen
diese Seelen die nicht mehr lieben können
einfach
um des Nächsten Willen.

Abgrundergründung

Woher nur Deine Angst
anzunehmen,
was Dir jemand zu geben versucht.
Woher nur diese Zweifel
an einem tiefen Blick
der Dir nichts will,
als sein Herz zu schenken.
Im Tiefen verborgen
das Leuchten der Seele nicht zu sehen
abgeschottet von den schwarzen Gedanken
der Angst
vor dem großen Unbekannten
das man gemeinhin
einfach
Liebe
nennt.

Straussenpolitik

Steckt Eure Köpfe ruhig weiter in den Sand
und verschließt Eure Augen weiter vor dem, was
zählt.
Wie viel leichter ist es zu tragen
redet man sich ein, es sei nicht da.
Vergrabt Euer Leid ruhig weiter unter Eurem fal-
schen Lachen,
und verschließt das Herz vor jeder Berührung,
lasst niemanden herein, der es vielleicht zu heilen
vermag.
Und dennoch
werde ich nicht aufhören
das zu sehen, was ist …
so viel mehr.

Stille Übereinkunft

Manchmal hat Geheimes Mitwisser
ohne dass diese wissen, dass sie ein
Geheimnis kennen, spüren sie nur
was andere nie aussprechen würden.

Still got the Blues

Es klingt noch die Melodie
und leise höre ich die zarten Töne
die der Erinnerung an Dein Gesagtes
den Schleier des Gefühlten geben.
Ich kann noch immer
in Deinen Augen tanzen
und meine Worte in Deine Seele legen,
ich spüre noch den Takt des Herzens
wiege mich sanft in den Gedanken.
Dein Duft erfüllt den Raum
mit Liedern voll Glückseligkeit,
trag' Deine Hand auf meiner Schulter
bist Du auch noch so weit

entfernt

sich auch
der Traum in meiner Nacht von Dir.

Gedankenschnipsel

Gedankenschnipsel fallen
in Traumtropfen ertrunken
wie Gefühlsscherben einschneidend
bei jeder Bewegung im Herzen

nie mehr zulassen
so zu lieben.

Gesicht

Gelebtes umspielt sanft die Augen
und der Blick lacht ins Leben,
voller Mut und Zuversicht,
strahlt ein Lächeln wie tausend Sonnen hell
in die hoffnungsschwangere Luft.
Sanftheit strömt wie warme Flüsse
aus dem Gesicht,
bricht Dämme und wärmt vereistes.
Und die Hände voller Güte,
führen hin auf rechte Pfade,
geleitet von beschützter Liebe
ungeahnte Seelenperlen
kullern leise aus dem Mund.
In Tiefen vorgedrungen,
wo vorher keiner war,
blickt alles nun in diesen Augen
so sonderbar, so furchtbar wahr.

Gedankenstrom

Fluss abwärts fließend
taumelnd und vom Sog getrieben
unklar aufgewühlt
undurchsichtig unberechenbar
Wellen treibend
befestigtes Ufer mitgerissen
entladen im Fall in die großen Tiefen
dann seicht sich verlaufend
und klar sich beruhigend
um in ruhigen Gewässern
bis auf den Grund zu sehen
im ewigen Spiel
der Gezeiten.

Auf Adlers Schwingen

Lasst mich doch mit dem Wind ziehen
warum haltet ihr mich?

Lasst mich auf den Schwingen eines Adlers
hinausziehen in die Welt

stetig auf der Suche nach der Seele der Menschen.
Was sollte mich halten?

Was sollte ich fürchten?

Lasst mich von Wolken getragen den Himmel sehen.

Nur im steten Flug vermag ich
das Bedürfnis zum Landen und Rasten zu spüren.

Fest(ge)halten

Halt' mich fest,
fest in Deinen Armen,
lass' mich nicht los,
denn ich will fallen in Dich.
Ich will in die Abgründe
Deiner Seele
stürzen,
und wissen, Du hältst mich
fest umschlossen in Deinen Armen.
Halt mich,
lass' mich spüren,
dass Du mich geborgen wiegst,
in der Mitte Deines Herzens.

Große Kunst

Eine große Kunst
das Erfühlen von nicht gesagten Worten
manchmal doch so unbeschwert leicht
als könnte die Erkenntnis schweben
hin und wieder erschreckend
liegt ein Zauber auf dem Gedachten
nicht auszusprechendem Gefühl
und die Stille spricht
unerhört
aus dem Herzen.
Eine große Kunst
die Wahrheit zu sehen.

Verwundbar

Du,
ich kann Deinen Herzschlag hören
er singt seine eigene Melodie.

Im Licht der Sonne funkeln Augen
wie ein lachender Stern
der seinen Weg noch sucht

gefunden

ich mich in Dir
Du Dich in mir
lass uns ein Stück zusammen gehen.

Verrate nichts
ich weiß es längst
kann sinnerfüllten Atem spüren

Geheimes leuchtet in der Stille laut.

Heiter verlächelt

Ohne viel Aufsehen
große Worte
ohne Aufschrei und Gebrüll
wuchs heimlich
an ganz stillem Orte
dies wundersame Bauchgefühl
das etwas zwischen ihnen sei
was sich zu fühlen nicht verstand
mit dem geschlossnen Freundschaftsband,
und da auch niemand davon sprach
machte man einfach weiter
und lächelte stets jeden Tag
ganz unaufhaltsam heiter.

Im Jetzt

Gelächelt
gestrahlt in blau
tief die Seele im Innern berührt
Herzsehnen gestillt
sachte umarmt
zartgefühlt gewärmt
tief im Innern
das Jetzt erlebt
nicht an gestern und morgen gedacht.

Unzertrennlich

Gedanken, die so innig sind
dass sie ein unsichtbares Band
auf ewig aneinander bindet,
sie trennen weder Zeit noch Ort
sie werden sich stets finden,
sich einander Gutes tun
und in dem Herz des Anderen ruhn.

Nuntius Iobi

Ist nur ein Hauchen des Propheten
bedrohlich nah die Zukunft wartet
gelebt zu werden ohne Dich
weißt Du denn nicht, dass sie Dich rufen
für wahr, sie schreien, rufen Dich.

In allem was erlebt gewesen,
scheint mir der kalte Todeshauch
in allen bunten Fabelwesen
und in den dunklen Augen auch
bin ich Dir nicht genug gewesen?

Des fahlen Mondes weicher Schein
fällt zu Dir auf die kalte Seele
ertrag es nur, es wird so sein
dass alles und die Finsternis
Dir schmeckt als wär' es süßer Wein.

Nur in der Mitte wirst Du leben
vom Dolch verletzt in Deiner Brust
wird sich Dein Herz erneut erheben
zu spüren jeglichen Verlust
den Deinen hast Du nie vergeben.

Dereinst werden wir alle tanzen
der Glanz der göttlichen Magie
wird alle uns zum sterben bitten
doch Seelenlos werden wir nie
auch wenn sie aus der Hand geglitten

die Dich und mich getragen hat
durch alle Welten einerlei.

Irrwege

Staubig die Straße
die in Zukunft sich schlängelte
als wäre das Vergangene vorbei,
steinig die Wege,
die hinführten
zu dem Morgen,
der alles Vernebelte
entmachtete.
Einsam die Pfade,
die kalten Lüfte
spiegelten sich in der Ferne
Sonne
verglühte zu Eis
auf den Bahnen
die die Sterne
huckepack nahmen.
Zu hoch die Berge
als könnte der Weise sehen
was der Himmel dahinter
verbarg,
bis er die Hüllen fallen ließ.

Du gibst

Verloren war ich
orientierungslos
als Du mir ein zu Hause gabst
in welches ich meinen Schmerz tragen konnte,
und wusste,
ich würde nicht aus der Tür gehen,
ohne von Lasten befreit zu sein.

Geborgen fühl ich mich
wenn Du mir mit lachenden Augen
die Welt erklärst,
wie Du sie siehst.
Viel blauer scheint der Himmel durch Deine Augen,
viel heller scheint die Sonne
und so viel grüner ist die Wiese,
auf der Du Dich auszuruhen scheinst.

So viel Kraft und Stärke geht von Dir aus,
und gleichsam empfindlich verletzlich scheinst Du
mir,
manchmal,
zu wertvoll, Dich zu belasten,
mit den Dunkelheiten, die mein Weg mitgebracht hat.

Schimmernd die Rüstung,
die Dich umgibt,
und Dir den Glanz verleiht, der Geheimnisse birgt
und nur manchmal scheint sich zu lüften,
wer Du wirklich bist.

Jeden einzelnen Deiner traurigen Momente
fühle ich doppelt verletzt in mir
und trage mit, was Dich bewegt.

Jedes Glück, dass Dich umgibt,
gibt mir doppelte Hoffnung zurück.
Durch Deine Augen gesehen,
scheint das Leben so schön.

Paradoxon

Was Du hast,
das hätte ich gerne,
und was ich schon hatte,
das willst Du gar nicht,
was Du aber willst,
das hatte ich meist schon.
Nur gut
dass keiner von uns weiß,
was er will.

Lebens-Theater

Und dann sehe ich in Deine Augen
und das was ich mich sagen höre,
unterscheidet sich von dem
was ich fühle
noch mehr,
als von dem, was ich denke.

So bringt der Kopf es nicht übers Herz
Verstand und Vernunft
schnüren die Kehle zu
und der Vorhang fällt wieder,
ohne dass das Stück zu Ende ist.

Und dann sehe ich auf Deine Hände
und was ich mich tun sehe,
unterscheidet sich von dem,
was ich unterlasse,
noch mehr,
als von dem, was ich gerne getan hätte.

Bei der nächsten Vorstellung
wird das Lampenfieber wieder lähmen.
Die Zuschauer bleiben die Selben.

Ersatzlos gestrichen

Als der Teller zerbrach
kaufte ich Ersatz
und die Vase an der mein Herz hing,
fand bald einen würdigen Nachfolger.
Als die alten Schuhe zu klein waren,
wurden sie durch größere ersetzt,
und für das alte Lieblingslied
gab es zwanzig neue.
Als die Blumen verwelkten
ersetzte ich sie durch künstliche,
die nie vergehen
und die alte Farbe an den Wänden
wurde einfach übermalt.
Nichts ist unersetzlich,
man muss auch mal verlieren können,
und dennoch
finde ich keinen Ersatz
für das, was mir fehlt,
weil ich es nie hatte.

Verschluckt

Worte liegen ungebraucht
auf Zungen
und sehnen sich heraus
zu sagen, sprechen, rufen
was bewegt, berühren kann,
doch sind sie,
und es ist zum verfluchen,
doch in des Verstandes Bann.

Was könnten Sie anrichten,
kämen sie heraus,
gerade so ehrlich wie sie gefühlt sind.
Nie gesagtes schluckt sich
einfach besser wieder hinunter.

Nicht unabdingbar

In tausenden Jahren
schufen wir eine Welt,
in der wir glauben,
leben zu müssen,
nur,
weil wir verlernt haben,
uns täglich die zu erschaffen,
in der wir leben wollen.

Diesseits und Jenseits des Perlenvorhangs

Könntest Du ahnen,
wer ich wirklich bin,
Du würdest es nicht glauben.

Das Geheimnis will gehütet sein,
denn
Diesseits des Perlenvorhangs
ist anders
als Jenseits.
Innen ist's anders,
als Außen.

Wer kennt schon all die Geheimnisse
die bewahrt liegen
in uns allen?

Verschleiert mit Perlen
um Masken mit Schmuck zu tragen
sehnen wir alle
die Wahrheit herbei.

Zu verbergen
was in den Träumen passiert,
denn glauben
will es doch niemand.

Heimkehr

So vieles zerbrochen,
so vieles zerstört,
nur Asche und Glut
geblieben.
Seelen verwundet
Herzen verletzt,
Vertrauen verbrannt,
Freundschaft gehetzt,
so wachse nun,
zarte Pflanze
der Neubeginn
sei Dein,
so will ich nun pflegen
und auch pflegen lassen,
immer und ewig
wird bald wieder sein.
Ganz langsam,
behutsam
kehr' ich wieder heim.

Für immer bewahrt

Genieße jeden Sonnenstrahl
der warm aus Deinem Herzen leuchtet,
verschlinge tief jeden Blick,
der mich in Deine Seele sehen lässt.
Süchtig macht Nähe,
die zu spüren mir leicht fällt,
weil Du sie aus vollem Herzen gibst.
Jede noch so kleine Geste,
dessen sei Dir stets bewusst,
verklingt nicht ungehört noch ungesehen,
nehme mit jeder Faser meines Herzens auf,
was passiert in jedem Moment.
Ich will mich erinnern,
an alles was war, ist,
sein wird …

damit ich in dunklen Stunden zehren kann,
von dem Licht, welches Du für mich bist.

Verschmolzen

Unendlich warm
berührten
Deine Hände mein Gesicht
zitternd
sah ich Dich an
Deine Lippen
fanden
meine
sanft, ja zärtlich
hauchtest Du Küsse
die mich
an den Rand
der Realität
fliegen ließen.....
und
ich
versank
in Dir.

Einsamkeitsvernichter

(oder: Wie Deine Seele mich berührt)

Vergiss' niemals,
dass es Menschen gibt,
denen Du ein Lächeln auf das Herz gezaubert hast,
einfach
weil Du bist, wie Du bist.

Vergiss niemals,
dass es jemanden gibt,
der in Gedanken bei Dir ist, wo immer er auch sein
mag.
einfach,
weil Du bist, wie Du bist.

Denke stets daran,
dass Du Dich in meiner Seele unsterblich gemacht
hast,
einfach,
weil Du bist, wie Du bist.

Ich wünsche mich nach Anderswelt...

In Deinen Armen möcht' ich liegen,
möcht' Dich atmen spür'n,
möchte alle Sehnsucht jetzt besiegen,
Dich in Anderswelt entführ'n.

Deinen Herzschlag möcht' ich hör'n,
Deine Lippen möcht' ich küssen,
möchte jetzt nur Dir gehör'n,
und Dich nie mehr vermissen müssen.

Der Melodie Deiner Seele möcht' ich lauschen,
unsere Körper sollen ewig tanzen,
mich an Deinem Anblick jetzt berauschen,
und träumen von dem wahren Ganzen.

Schweigen

Da sitzt er
gramgebeugt
Sorgen drücken im Nacken
die großen Hände
fahren gedankenlos
über den schweren Holztisch
an dem er ruht.
Die breiten Schultern
eingefallen
und gebrochen
das Kreuz das Lebzeit
so schwer getragen hat,
und die Güte des Blickes
flieht angsterfüllt

lass
mich dir helfen

fleht sie
doch sagt es nicht.

Die Wahrheit der Liebe

Vor langer Zeit lebte nicht weit von einem kleinen Dorf auf einer kleinen Anhöhe am Waldrand eine junge Frau. Sie lebte in einem kleinen Häuschen, mit einem kleinen Garten und einem Brunnen vor der Tür. Und sie hatte einen Mann. Den hatte sie schon, als sie in das Dorf gekommen war und alle kannten die Beiden nur als Paar. Sie liebten sich, das stand für alle außer Frage.

Eines Tages kam ein junger Bursche zu den Beiden und bat um Einlass.
Die junge Frau freute sich über Besuch und bat ihn herein, tischte Wein und Kuchen auf und fragte Ihn, was er denn wolle.
Der junge Bursche sagte, dass er mehr über sie und ihren Mann erfahren wolle, weil man die beiden doch so selten im Dorf sehen würde.
Die junge Frau blickte ihn lange und fragend an, denn sie wusste nichts Besonderes zu erzählen.
„Aber erzähle Du mir von Dir" sagte sie sanft und nahm seine Hand in die ihre.
Der Bursche begann plötzlich zu erzählen, als hätte die Frau ihm seine Zunge verhext.
So verging Stunde um Stunde und er erzählte all seine Sorgen und Nöte.
So entließ sie den Burschen mit den Worten: „Es wird Zeit für Dich ins Dorf zurück zu kehren!"

Der Bursche lief den Hügel hinunter ins Dorf und fühlte sich so erfüllt und glücklich, dass er ein Lied zu pfeifen begann und kaum wahrnahm, dass unten im Dorf schon alle gespannt auf seinen Bericht warteten.

„Was hat sie denn erzählt?" wollten alle wissen.

„Nichts", sagte der Bursche, aber ich habe ihr alles erzählt, und noch nie hat mich jemand so verstanden, wie sie.

„Und ihr Mann?" fragten die Dorfbewohner? „Den habe ich gar nicht gesehen, er hackte draußen wohl Holz!"

Das könne nicht mit rechten Dingen zugehen, dachte sich die Dorfälteste und beschloss, ihre müden Knochen am nächsten Tag selbst auf den Hügel zu schleppen und die junge Frau zu besuchen.

Am nächsten Tag, es war bereits Nachmittag und die Sonne stand hoch, ging der Mann wieder in den Garten um Holz zu hacken, als er die Alte aus dem Dorf herauf kommen sah.

Er nickte ihr freundlich zu und Wies mit seiner Hand auf die Tür. Also klopfte die Alte an.

Die junge Frau öffnete, bat die Alte freundlich herein und tischte Wein und Kuchen auf.

„Was kann ich für Dich tun, Alte?"

„Was hast Du denn mit dem Burschen angestellt, der gestern bei Dir war? Er war ganz verändert und ich will wissen, wieso. Ihr seid einigem aus dem Dorf ein Dorn im Auge, weil ihr Euch nie unten sehen lasst. !"

Die junge Frau lächelte, sah der Alten tief in die Augen und nahm ihre Hand. Dann erzählte die Alte plötzlich Von all ihren Sorgen, Nöten und Schmerzen, von ihrem langen Leben und all den Schicksalsschlägen.

So verging Stunde um Stunde bis die junge Frau sagte: "Es wird Zeit für Dich ins Dorf zurück zu kehren!"

Auch die Alte war nun glücklich und von Sorgen befreit und berichtete dies im Dorf.

So kamen nun nach und nach fast alle Dorfbewohner zu der jungen Frau, besuchten sie und erzählten ihr ihre Sorgen, Nöte, Träume und Erlebnisse. Alle, die von ihr zurückkehrten, fühlten sich erfüllt und geliebt.

Bald war die junge Frau im ganzen Dorf sehr beliebt und kaum einer fragte sich noch, was sie so seltsam machte.

Die junge Frau und ihr Mann waren glücklich mit ihrem Leben, so wie es war und so verging eine lange Zeit.

Bis eines Tages ein neuer Mann in das Dorf kam. Er sah sich die Dorfbewohner an und fragte sich, warum denn alle so glücklich und Zufrieden waren. Die Alte erzählte ihm also die Geschichte der jungen Frau auf dem Hügel – und auch von ihrem Mann, den alle nur Holz hackend im Garten kannten.

Der Mann sagte aufgebracht: „ Aber das kann doch nicht sein, der Mann dort oben kann doch nicht glücklich sein, wenn seine Frau all ihre Liebe an Euch alle verschenkt. Die Eifersucht muss ihn zermürben. Ich werde morgen hinauf gehen und ihn fragen."

So kam es, der Mann stieg am nächsten morgen den Hügel hinauf und wagte es nicht, an die Tür zu klopfen, sondern ging zielstrebig in den Garten zu dem Mann und fragte ihn:

„Sag' mir, wie kann es sein, dass Deine Frau allen Menschen so viel

Glück und Liebe geben kann, und Du hast sie noch nicht vom Hof gejagt?"

Der Mann ließ seine Axt ruhen und begann zu lachen.

„Das will ich Dir wohl sagen. Gerade weil meine Frau so viel Liebe übrig hat, sie auch anderen zu geben, gerade deswegen liebe ich sie und bleibe bei ihr."

„Das verstehe ich nicht" entgegnete der andere.

„Weißt Du, wenn meine Frau nur mich lieben würde, und alles, was sie zu geben hat, nur mir geben würde, dann wäre sie doch kein Mensch, den ich lieben kann, weil er ist, wie er ist, sondern nur meine Marionette. So macht sie Erfahrungen und sammelt Erlebnisse mit anderen Menschen, die sie jeden Tag reicher werden lassen. Es macht sie glücklich und das macht sie aus.

Und gerade deswegen bin ich ihr Mann und bin selber glücklich. Nur wer nicht besitzen will, liebt wirklich."

Und so wendete der Mann sich wieder seinem Holz zu und freute sich auf den Abend mit seiner Frau.

Der Neue ging verwirrt, aber beruhigt zurück ins Dorf und berichtete alles den anderen.

Seit diesem Tag begannen die Dorfbewohner, ihre Männer, Frauen und Kinder nicht mehr für sich allein haben zu wollen, und teilten ihre Liebe untereinander.

Da jetzt niemand mehr die Besuche bei der jungen Frau auf dem Hügel benötigte, zogen sie und ihr Mann eines Tages weiter, in ein anderes Dorf, um den Menschen die Wahrheit der Liebe zu bringen.

(Er)hörgeräusche

Erinnern
an die Stimme,
die Sehnen betäubte,
den Durst auf Leben stillte,
das Abendteuer erfand.
Weiche Töne
flüsterten Beben
hauchten Traumtropfen
auf die Haut.
Erinnern
an ein Gefühl wie Sommer
und an Worte,
die Hitze versprachen.
Erinnern...
und Bilder gehen nicht mehr aus dem Kopf.

Annehmlichkeit des Empfindens

So warm gerührt
von ganz wenigen Worten nur,
getragen in Augen voller Zuversicht
besonnen im Herzen bewahrt.
In den Tiefen aufgewühlt,
nicht Wunden gerissen –
nein –
Schmerzen gelindert.
Immer neu
so zärtlich im Innersten empfunden
so rein und wahr
in tausend Seelenfarben leuchtend
schier unfassbar
und doch erfahren.

Wer nicht hören kann, muss fühlen

Ohne Worte
wird das geboren,
was Du fühlst,
tief in Dir –
und ohne Worte
wirst Du es ausdrücken –
doch verstehen kann Dich
nur
wer ohne Worte versteht,
was Du gar nicht gesagt hast.

Gespürt

Der Stift sinkt in meiner Hand
ich halte inne
zu lauschen,
was ich gerade spür'.

Wie ein Windhauch nur
kommt der Gedanke
und zieht fort,
so leise, wie er kam,
doch lässt er Wärme zurück.

Soeben gedacht
Du kämst zur Tür herein
und würdest lächeln,

ich halte inne,

nur einen Augenblick
später
kommst Du zur Tür herein
und lächelst.

Ich fühl' Dich.

Wunderlich

Ich fliege
in den blauen Himmel
dessen Blau nicht kalt war,
sondern wärmte, wie die Sonne
die glitzernd auf schneebedeckten Bergen liegt

ich sehne
in den Augenblick
als Gedanken sich trafen
und so nah sich waren, wie nur zwei einander ver-
trauende Seelen
sich im tiefsten Inneren berührbar nah sein können.

Ich träume
dass die Realität
mir nicht das Herz verschließt
vor solch' wunderlich tiefschönen Momenten
die Glück bedeuten.

Die Einfachheit der Gleichgültigkeit

Ach? Du hast den Sinn des Lebens verloren?
Na so was!
Such Dir doch einfach einen neuen,
es liegen doch genug auf der Straße herum.
bastele Dir aus den zerstörten Träumen
doch einfach einen neuen,
und dekoriere ihn mit dem Schutt,
der bei dem Einsturz des Gelebten
übrig geblieben ist.
Was denn?
Du hast die Hoffnung verloren?
Sie wird sich schon wieder einfinden.
Mach' mal nicht so ein Theater
nur weil Du nicht mehr weißt,
wer Du bist,
das wird Dir schon wieder einfallen.
Und so machst Du dann einfach bis zum Ende Deiner Tage weiter,
bis Du gar nicht mehr weißt,
dass es mal einen Sinn gab.
Das ist doch ein guter Plan.
Denn: wer grübelt, verliert!

Es bleibt

Und doch bleibt es Wahrheit
wenn auch nicht ausgesprochen
nur empfunden
in den Tiefen des Seins
verloren in Träumen
verscheucht von der Realität
die unmöglich macht
was doch ist
was nicht vergeht,
und stärker wird,
je mehr man sich wehrt,
nicht zuzulassen
was empfunden bleibt,
doch was Vernunft vertreibt.

Vater

Zu oft enttäuscht,
zu oft gefallen,
zu oft verloren,
zu oft geglaubt,
keine weitere Chance
für ein Leben
in dem ich Dich
nur vermisst habe.

Wenn ich Dich gebraucht hätte
Warst Du nicht da.
Wenn ich mich gesehnt habe
nach einem, den man Vater nennt,
warst Du mir fremd.

Will nicht mehr hoffen,
nicht bangen und glauben,
will jetzt
auf meinen Füßen stehen,
ohne mit Sehnen in Deine Augen zu blicken.

Fühl' mich verlassen
und hatte Dich nie.

Erlösung

Ich wünsche Dir eine gute Reise,
wohin der Wind Deine Seele
auch tragen mag,
ich wünsch Dir eine Reise,
die all Dein Leiden vergessen macht,
ich wünsch Dir,
dass alle Schmerzen,
die Du hier im Leben erleiden musstest,
auf dem Weg den Du nun gehst,
Vergangenheit sind.
Ich wünsch Dir Erlösung
und Wärme soll Dich umgeben.
Ich wünsch Dir auch,
dass Du sehen kannst,
wie Dein Leben in Deinen Kindern
weiter getragen wird.

All denen, die zurückbleiben
wünsche ich Kraft
und die Erinnerung
an die guten Zeiten,
an den lachenden, lebensfrohen
Menschen,
der Du warst
und der Du in den Herzen derer,
die Dich lieben
auch immer bleiben wirst.
Leb' wohl
denn Deine Seele wird nicht vergehen.
Deine Qualen sind vorbei,
nun flieg',
wohin Du willst.

Freundesband

Sanft berührt,
doch sichtbar kaum,
so webten sich
die Fäden zwischen uns,
wie in einem Traum,
nie Spinnefeind betrachtet,
doch glänzend silbrig
fein von Herz zu Herz
nie geglaubt,
doch gehofft zutiefst
vereinen sie sich
zu einem Netz
zwischen Dir und mir,
in uns beschützt,
klammernd sich
aneinander
miteinander
festgewoben inniglich.

Elementar

Die neusten Börsenzahlen
sind so wichtig,
dass man darüber vergisst,
zu entdecken,
dass es ein Sonderangebot bei
dem Lieblingsdesigner gibt,
und doch tatsächlich verpasst,
die neuste Folge der Serie zu sehen,
die einen abschalten lässt.
Der Nachbar hat gelästert
und gesagt,
das neue Auto sei doch viel zu groß,
wie tragisch,
wenn die Lieblingsmarmelade nicht da ist
und das Ehepaar darüber in Streit gerät,
aber noch viel tragischer,
wenn die beste Freundin
plötzlich meint, dass die Frisur völlig unpassend ist
und die Farbe des neuen Kleides ihr mal so gar nicht
steht.
Ja, es gibt schon Dinge, die sind elementar
und sollten täglich auf's Neue besprochen werden.

Der Brunnenfrosch und der Stein

Als der Brunnenfrosch sich mal wieder auf einen kleinen Spaziergang durch die Umgebung seines Brunnens machte, kam er, wie immer, auch an dem kleinen Flusslauf vorbei.
Er kannte den Weg gut, denn immer spazierte er hier vorbei und betrachtete die Blumen am Wegesrand, die Tiere, die er alle kannte, und auch die Steine, die an dem Flusslauf lagen.
Doch dieses Mal war etwas anders.

Er spazierte mit einer fröhlichen Stimmung so vor sich hin, als er plötzlich einen großen Stein bemerkte, der anders zu sein schien, als die anderen. Er war ihm noch nie aufgefallen.
Der Stein schien freundlich zu sein, aber traurig.
„Ich bin der Brunnenfrosch, vielleicht hast Du schon mal von mir gehört?" begann der Frosch das Gespräch.
„Ja", murmelte der Stein, „ich habe schon von Dir gehört."
„Traurig siehst Du aus, dabei hast Du es so schön hier am Fluss", bemerkte der Frosch.
Der Brunnenfrosch setzte sich zu dem Stein und versuchte, ein Gespräch zu führen, doch der Stein wollte nicht mit ihm reden, murmelte immer nur etwas vor sich hin und ging nicht wirklich auf die Fragen ein.

Irgendwann sagte der Brunnenfrosch: „Ich glaube, Du hast Angst vor mir. Du hast Angst, mir etwas Persönliches von Dir zu erzählen, aber Du musst nichts sagen, ich spüre auch so, was für ein wunderbarer Stein Du bist. Ich werde Dich einfach öfter besuchen. Vielleicht fasst Du doch noch Vertrauen zu mir?!"

Als der Frosch nicht mehr zu sehen war, weinte der Stein. Noch nie hatte jemand so nette Sachen zu ihm gesagt, meist trampelten Menschen und Tieren nur achtlos auf ihm herum und übersahen, dass er unter seiner harten Schale ein empfindsames und weiches Herz hatte. Viel zu oft hatte man ihn verletzt und ihm zu verstehen gegeben, dass Steine nun mal nicht weinen dürfen. Doch er hatte solche Angst, dass der Frosch ihn auch verletzen würde, dass er sich einfach nicht traute, sich ihm zu öffnen.

Der Brunnenfrosch ging nun auf jedem Spaziergang zu dem Stein und erzählte von seinen Erlebnissen und Sorgen, von traurigen und glücklichen Momenten. Doch er sprach ihn nicht mehr darauf an, warum er sich nicht öffnen wolle. Er wusste, dass der Stein Zeit brauchte.

Eines Tages, viele Spaziergänge später, weinte der Stein im Beisein des Frosches seinen ganzen Kummer aus sich heraus. Er spürte, wie gut es ihm tat, dass er sich endlich jemandem anvertrauen konnte. Er hatte langsam, Stück für Stück, Vertrauen gefasst und gelernt, dass er sich auf den Frosch verlassen konnte.
Der Stein hatte einen echten Freund gefunden, einen, wie es ihn nur selten gibt.
Und bald schon spürten Menschen und Tiere, dass dieser Stein etwas Besonderes war und hörten auf, auf ihm herum zu trampeln.

Dass Frösche und Steine echte Freunde werden können, das hatte der Stein nicht geglaubt,
aber das Leben hatte ihn eines besseren belehrt und er war froh, dass er diese Lektion gelernt hatte.

Rastlos umhergeirrt

Alles scheint mir
surreal
entrückt aus seinem Sinn
geflohen vor Gefühlen
fühl' mich nicht heimisch
nicht in dieser Welt,
die Sprache, die ich spreche
wird nicht verstanden
in dieser Welt
zu dieser Zeit
weiß nicht
wie ich hierher gekommen bin
meist einsam
denn unverstanden
fühl' ich
dass ich mich auf die Suche machen muss
nach der Welt
die die meine ist.
Außen stehend
betrachte ich die Menschen
die hierher gehören
doch sie sagen mir nichts.

Nur manchmal
blicke ich in Augen
und glaube zu sehen,
dass da dasselbe Gefühl ist
die Selbe Sehnsucht
nach etwas,
was nicht in Worte zu fassen ist,
und der untrügliche Wunsch
nach Anderswelt zu fliehen.

Unsagbar

Hast Du je die Sterne gespürt,
wie sie auf die Erde fallen
und zu Sonne werden im Herzen,
um Dich zu wärmen?

Hast Du je den Zauber gesehen,
den Augen versprühen,
wenn sie mit Liebe angefüllt
tief in eine Seele blicken?

Hast Du Dich je gesehnt
nach dem unsagbaren,
dem unaussprechlichen Gefühl,
eins zu sein mit Dir selbst?

Bist Du je diesen Weg gegangen,
der Mut braucht
der so schwer zu gehen ist,
doch dessen Ziel Dich so reich belohnt.

Sag' mir,
wie viel Zeit dauert ein Augenblick

Inhalt

Herstellung und Verlag
Books on Demand GmbH, Norderstedt

ISBN-13: 978-3-837-05703-4

Besonderer Dank

Ein besonderer Dank geht an Folker Stamm,
von dem ich die Liebe zur deutschen Sprache ge-
lernt habe und ohne dessen steten Zuspruch ich
mich vielleicht in einem „künstlerischen Wolkenku-
ckucksheim" verloren hätte.

Besonderer Dank gilt auch Michael Erwig,
für seine unendliche Geduld mit meinen Launen
und sein Verständnis dafür, dass ein neben-
beruflicher Dichter manchmal ein wenig neben der
Spur ist.

Ganz besonderer Dank gilt meinem Mann Knut,
der all das „Abwesend sein" beim Schreiben sanft
erträgt und mich gerade deswegen und nicht trotz-
dem liebt, und ohne dessen Hilfe ich dieses Projekt
nicht hätte verwirklichen können.

Danke!

Carina